www.ingramcontent.com/pod-product-compliance
Lightning Source LLC
LaVergne TN
LVHW010550070526
838199LV00063BA/4931
* 9 7 8 9 3 5 8 7 2 2 4 2 0 *

لفظ نما

(لسانیات)

طارق غازی

© Taemeer Publications LLC

Lafz Numa *(Linguistics Essays)*
by: Tariq Ghazi
Edition: May '2024
Publisher :
Taemeer Publications LLC (Michigan, USA / Hyderabad, India)

ISBN 978-93-5872-242-0

مصنف یا ناشر کی پیشگی اجازت کے بغیر اس کتاب کا کوئی بھی حصہ کسی بھی شکل میں بشمول ویب سائٹ پر اَپ لوڈنگ کے لیے استعمال نہ کیا جائے۔ نیز اس کتاب پر کسی بھی قسم کے تنازع کو نمٹانے کا اختیار صرف حیدرآباد (تلنگانہ) کی عدلیہ کو ہو گا۔

© تعمیر پبلی کیشنز

کتاب	:	**لفظ نما** (لسانیات پر مضامین)
مصنف	:	**طارق غازی**
جمع و ترتیب	:	اعجاز عبید
صنف	:	لسانیات
ناشر	:	تعمیر پبلی کیشنز (حیدرآباد، انڈیا)
سالِ اشاعت	:	۲۰۲۴ء
صفحات	:	۱۰۶
سرورق ڈیزائن	:	تعمیر ویب ڈیزائن

فہرست

خاکہ	پھکڑ	فرسخ	ضمیر
مِسل	کلیان	فَر٠سَخ	صحیفہ
نابکار	دریغ	سحر	ترانہ
میثاق	دروغ	سحر	طناز
اثاثہ	عرق	توسن	درنگ
تھرتھری	ارسال	ہرکارہ	کیکر
پندار	جمدھر	گڈامی	ڈھنڈار
شائستہ	قدیم	تاغ	چمن
عرباض	ازبر	گربہ	اساطیر
فیل مرغ	کوکب	کلبہ	مہ وش: مہوش: ماہ وش
جیوٹ	مزمن	درود	بداوت
انگشتری	حادث	تواضع	
ارژنگ	لکیر	وضع	
اِیما	تھم	جادہ	

خاکہ

خَا ۰ کَہ

فارسی

اسم نکرہ مذکر واحد

خاک سے ماخوذ۔ 'ہ' کا لاحقہ نسبتی لگا کر اسم بنایا گیا۔

اردو میں پہلی بار ۱۷۹۲ میں دیوان محب میں استعمال ہوا۔ (اردو لغت)

واحد غیر ندائی: خاکے (امالہ، کر کے حرف 'ہ' کو حرف 'ے' میں تبدیل کیا گیا۔

مثال: اس خاکے کے خطوط صاف نہیں ہیں۔

جمع عام: خاکے

جمع غیر ندائی: خاکوں (و مجہول، ن غنہ)

ا۔ خاک پر کھینچی ہوئی لکیریں • زمین پر بنایا ہوا نقشہ • زمین پر کھینچ کر بنائی ہوئی حدیں

۲۔ نقشہ • کچا نقشہ • عمارت کا نقشہ • شہری نقشہ

۳۔ بے رنگ نقشہ، تحریر یا تصویر

۴۔ مسودہ • ابتدائی تحریر • عبارت جس میں تبدیلی اور اصلاح کی گنجائش یا ضرورت ہو • تحریر کا ذہنی پس منظر • کہانی کا پلاٹ • کتاب کا مجمل منصوبہ

۵۔ ڈھانچہ • ڈول • سانچہ

۶۔ نامکمل شکل • شبیہ • چربہ

۷۔ کسی حقیقت کی مختصر کیفیت کا نقشہ یا بیان

۸۔ بے رنگ منظر یا صورت • نقل جو اصل سے مشابہ ہو (مصوری)

۹۔ مضحکہ • تمسخر • استہزا • اہانت

محاورہ: خاکہ اتارنا / خاکہ اڑانا = مذاق اڑانا • تضحیک کرنا • تذلیل کرنا • توہین کرنا • بے آبرو کرنا • رسوا کرنا • بدنام کرنا

وہ زاہدوں پر پھبتیاں، وہ واعظوں کا خاکہ

شور / سفر نامۂ ہستی / ۱۹۲۶ (اردو لغت)

۱۰۔ (جدید) شخصی تعارف • مضحکہ خیز سوانحی ذکر • کسی شخصیت کا غیر سنجیدہ فکاہیہ ذکر • حالات زندگی کا نامکمل مضحک بیان • مختصر سوانحی تحریر

۱۱۔ مختصر ڈراما • ناٹک

۱۲۔ کشیدہ کاری کا نمونہ جس کا چربہ کپڑے پر اتار کر کشیدہ کا کام کیا جاتا ہے۔

انگریزی مترادفات :

Caricature. Cartoon. Concept. Delineation. Design. Draft. Drawing. Embroidery Outlines. Idea. Model. Outline. Plan. Plot. Project.

مِسل
مِ۰سَل

اردو ۰ اسم نکرہ ۰ مؤنث ۰ واحد

جمع: مسلیں ('ی' مجہول)

جمع غیر ندائی: مسلوں ('و' مجہول)

ایک روایت ہے کہ یہ عربی لفظ مثل کی بگڑی ہوئی شکل ہے۔

اردو لغت کے بموجب اردو میں پہلی بار ۱۸۸۰ میں رتن ناتھ سرشار نے فسانہ آزاد میں استعمال کیا۔

۱۔ فائل ۰ قانونی یا دستاویزی کاغذات جو ایک جگہ منسلک ہوں ۰ عدالتی کارروائی کے کاغذات

ترکیبات: مسل بندی ۰ مسل در مسل

نابکار
نَا٠بکَا٠ر

فارسی • صفت ذاتی

مرکب: نا + بکار

ا۔ کام نہ آنے والا/والی • بے کار • ناکارہ

۲۔ غیر مفید • بے مصرف

۳۔ کسی کو سرزنش کرتے ہوئے بھی یہ لفظ بولا جاتا ہے:

"پرے ہٹ، نابکار کہیں کی"

"اسی نابکار نے یہ چغلی کھائی ہو گی"

مترادفات: کارآمد • مفید • فائدہ مند • نافع

میثاق
مِی۰ثَا۰ق

عربی

سہ حرفی مجرد و-ث-ق سے مشتق

ا۔ محکم دستاویز۔ آئینی دستاویز۔ معاہدہ (سیاسی)

۲۔ ایسا یقینی عہد نامہ جس کو شرکاء میں سے کوئی بھی رد نہ کر سکے۔

مترادفات: آئین۔ اقرار نامہ۔ پختہ وعدہ۔ دستور۔ عہد و پیماں۔ قولو قرار۔

مرکبات: میثاق آدم۔ میثاق ازل۔ میثاق الست۔ میثاق بغداد۔ میثاق مدینہ۔

و-ث-ق کے مشتقات: موثق۔ واثق۔ وثوق۔

اثاثہ

ا٠ثَا٠ثَہ

عربی ٠مذکر واحد

ثلاثی مجرد مصدر اثث سے مشتق۔ اردو میں بطور حاصل مصدر استعمال ہوتا ہے۔

اردو جمع: اثاثے ٠ اثاثوں

جمع استثنائی: اثاث = اثاث البیت

مال۔ سامان۔ پونجی۔ دولت۔ منقولہ جائداد

تھرتھری
تھُر۔تھرِ۔ ی

سنسکرت / ہندی

سردی یا خوف کی وجہ سے بدن کی لرزش

کپکپی۔ لرزہ۔ تھر تھراہٹ

سراسیمگی (مجازاً)

محاورہ: تھری تھری چھوٹ جانا

پندار

پِن ۰دَا۰ر (پ پر زیر ہے)

فارسی

پنداشتن مصدر سے حاصل مصدر

اردو لغت کے مطابق اردو میں پہلی بار ۱۷۷۳ میں تصوف کی کتاب انتباہ الطالبین میں استعمال ہوا۔

غرور۔ گھمنڈ۔ نخوت

خودی۔ انا۔

خود پسندی۔ خوش گمانی۔ عُجب

خیال۔ گمان۔ دانست۔ رائے۔ تصور۔

شائستہ

شَا • ئِس • تہ

فارسی • صفت ذاتی

مصدر شائستن سے صیغہ ماضی مطلق واحد غائب شائست بنا، جس میں 'ہ' کا لاحقہ اضافہ کرکے یہ لفظ بنا۔ تحقیق ہے کہ اردو میں ۱۸۱۰ میں کلیات میر میں پہلی بار تحریراً استعمال ہوا۔

معقول • لائق • مہذب • تمیز دار • سنجیدہ • متین • بردبار

عرباض
عِر۰بَا۰ض

عربی

اسم معرفہ۔ مذکر۔ واحد

ا۔ ایک صحابیؓ رسولؐ اللہ کا اسم گرامی

۲۔ حضرت عرباض ابن سارِیہ السلمی رضی اللہ عنہ کا شمار بزرگ اصحاب صفہ میں تھا۔ آپؓ قدیم الاسلام تھے اور حضرت عبداللہ ابن الزبیر رضی اللہ عنہما کے عہد حکومت میں ۷۵ سال کی عمر میں انتقال ہوا۔ آپ سے کئی احادیث مروی ہیں، جن میں ابن حِبّان کی صحیح اور امام حاکم کی مستدرک میں یہ ہے:

"رسولؐ اللہ نے فرمایا کہ اللہ کی جناب میں میرا نام بطور خاتم الانبیاؑ اس وقت درج تھا جبکہ آدمؑ کی مٹی ابھی گوندھی ہی گئی تھی۔"

انتباہ: ہندستان کے کم علم مسلمانوں میں حضرت عرباض کا نام غلط ہجے اور غلط تلفظ کے ساتھ رائج ہو گیا ہے۔ اسے اَرباز لکھا اور بولا جارہا ہے۔ اپنی علمی اسلامی روایت، خاص طور سے عہد نبوی کی تاریخ اور اور اصحاب رسول کے ناموں سے خاصے لاعلم مسلمانوں میں اچانک اپنے بچوں کا نام عرباض رکھنے کا رواج شروع ہوا ہے، اس لئے نہیں کہ یہ ایک جلیل القدر صحابی کا نام ہے بلکہ ایک فلمی اداکار بیٹے کا نام

ہے۔ غلط تلفظ کا آغاز اس جاہل اداکار کے گھر سے ہوا اور مسلمانوں میں رائج ہو گیا۔ اس نام کے ہجے اور تلفظ کی تصحیح کرنی چاہیئے۔

فیل مرغ
فِ.ل • مُر.غ

عربی فارسی مرکب • اسم نکرہ

فیل = ہاتھی (عربی) + مرغ = پرندہ (فارسی)

ا۔ دیک رومی۔ رومی مرغی

۲۔ ایک مرغ، بڑا پرندہ، جو امریکہ میں پایا جاتا ہے۔ اس کی چونچ کے اوپر ہاتھی کی سی ایک چھوٹی سی سونڈ بھی لٹکی رہتی ہے۔ امریکہ میں اسے نومبر کے مہینہ میں ہر سال یوم شکرانہ کی دعوت کے موقعہ پر پکایا جاتا ہے۔

۳۔ ٹرکی: ترکوں کی مخاصمت میں ان کی توہین کے عنوان سے انگریزی میں اس مرغ کو ٹرکی کہا جاتا ہے۔ جواباً ترک اور عرب اسے رومی مرغی کہتے ہیں۔ انگریزی میں اس مرغ کو بے وقوفی کی علامت بھی سمجھا جاتا ہے۔ بے عقل شخص کو مجازاً ٹرکی کہا جاتا ہے۔

جیوٹ

جِی وَٹ

پراکرت • صفت ذاتی

جی دار۔ دلیر

مترادفات : بہادر۔ سورما۔ حوصلہ مند۔ جری۔ دم خم والا۔ نڈر۔ شجیع۔ بیباک

اضداد : بزدل۔ تھڑدلا۔ ڈرپوک۔ کم ہمت۔ بے حوصلہ۔ بودا۔

قافیہ : ڈیوٹ

انگشتری

اُن • گُش ت • رِی

فارسی • اسم نکرہ

فارسی میں انگلی کو انگشت کہا جاتا ہے۔ اس سے یہ لفظ بنا ہے۔

انگوٹھی

انگشتانہ

اُن • گُش • تَا • نَہ

فارسی • اسم نکرہ

لوہے یا پیتل کا قلفی نما خول جو ہاتھ سے کپڑا سیتے ہوئے، ترپائی کرتے یا لپکا بھرتے ہوئے بائیں ہاتھ کی انگشت شہادت پر چڑھا لیا جاتا تھا تاکہ سوئی انگلی میں نہ چبھے۔ تعلیم نسواں کے نتیجہ میں اب اس کا گھریلو استعمال متروک ہے۔ صرف ان درزیوں کے پاس مستعمل ہے جن کے پاس کپڑوں کو ترپائی یا لپکے کی ضرورت ہوتی ہے۔

اردو میں انگشتانہ ہی بولا جاتا ہے۔

ارژنگ

آر۰ژن۰گ

فارسی -اسم نکرہ-مذکر-واحد

اردو میں ثقافت کی راہ سے فارسی سے آیا۔اردو لغت کے مطابق اردو میں پہلی بار ۱۸۰۹میں کلیات جرأت میں مستعمل ملتا ہے۔مرتبین لغت نے شعر کا حوالہ نہیں دیا۔

ا - (پارتھی) فارسی مصور مانی کے مرقعِ مصور کا نام ہے

مضموں تری رعنائی کے ارژنگ سے باندھوں

مانی کے ہراِک نقش کو سو رنگ سے باندھوں

-اختر علی خان اختر چھتاروی/علی گڑھ اردو کلب، ۵

جنوری ۲۰۱۰

۲

- بیل یا اونٹ کے گلے میں پڑی ہوئی گھنٹی۔جرس۔درا۔جلاجل۔گھنٹہ

دوسرے معنیٰ میں صرف ژنگ بھی بولا جاتا ہے:

چوری چوری جب کبھی جاتی ہے مجنوں کی طرف

پاس رکھ لیتی ہے لیلیٰ ژنگِ محمل کھول کر

- صلائے عام، دہلی، ۲۰ اگست ۱۹۱۷

اِیما
اِی ۰ مَا

عربی

اسم نکرہ ۰ مؤنث ۰ واحد

۱۔ اشارہ، جو کسی عضو بدن کی خفیف حرکت سے کسی جانب کیا جائے، عموماً چپکے سے۔

۲۔ منشاء

۲۔ کسی امر کی منظوری۔

۳۔ کسی بات کی اجازت۔

مترادفات: آمادگی ۰ ارادہ ۰ اقرار ۰ پسند ۰ پوشیدہ خیال ۰ جھکاؤ ۰ خواہش ۰ رائے ۰ رضامندی ۰ عندیہ ۰ مرضی ۰ میلان ۰ نیت

اردو مشتق: ایمائیت (جدید ادب کی ایک اصطلاح)

پھکڑ
پَھک • کَڑ

سنسکرت / ہندی • اسم یا صفت • مزکر و مؤنث • واحد (جمع نہیں ہے)

اردو لغت کے مطابق اردو میں پہلی بار ۱۸۱۸ میں دیوان اظفری میں استعمال ہوا۔

۱۔ مسخرہ / مسخری • ہنسوڑ • ہزل گو • زٹل گو • غیر سنجیدہ • ناشائستہ

۲۔ بیہودہ گو • بکواسی • ناشائستہ باتیں کرنے والا/لی • پھبتیاں کسنے والا/لی • یاوہ گو • دشنام گو

۳۔ فحش بکنے والا/لی • گالی گلوچ کرنے والا/لی

۴۔ بے تکی باتیں کرنے والا/لی • پست پاتیں کرنے والا/لی

صفت • مذکر • واحد

۵۔ بدکلامی • بکواس • بے پرکی • بے تکی باتیں • بے شرمی • بیہودگی • پوچ • زٹل • گالی گلوچ • گپ • لچر • لغویات • مسخرہ پن • ہزل • یاوہ گوئی

اسم کیفیت • مذکر • واحد

۶۔ زنانوں اور ہیجڑوں کی ایک سوانگ بھری لڑائی جس میں وہ تالیاں بجا بجا کر کسی شخص کی تضحیک، توہین اور تذلیل کرتے ہیں، اس کے راز کھولتے ہیں، مقفّیٰ جملہ بازی اور ہجو کرتے ہیں (مہذب اللغات)

۷۔ عیب جوئی • تفریح کی خاطر کسی کی خامیاں یا کمزوریاں بیان کرنا

متضادات : بردبار/بردباری • حلیم الطبع/حلم • سلیم الطبع • سنجیدہ/سنجیدگی • شریف/شرافت • متین/متانت

مرکبات : پھکڑ باز • پھکڑ بازی • پھکڑ پن

کلیان
کَل • یَا • ن

سنسکرت / ہندی - اسم کیفیت اور صفت - مذکر - مجرد ہے۔ اس کی جمع نہیں ہے

سنسکرت میں لام پر تشدید کے ساتھ بھی بولا جاتا ہے (کَل • لِ • یَا • ن)

اردو لغت کے بموجب اردو میں پہلی بار ۱۶۱۱ میں کلیات قلی قطب شاہ میں ملتا ہے۔

۱۔ نجات • مکتی

۲۔ بھلا • فائدہ • نفع • خیر

۳۔ اقبال مندی • ترقی • عروج • مال دولت

۴۔ ایک چھوٹا حقہ • گڑگڑی • ناریل

۵۔ راگ دیپک کا آٹھواں پاتر جو رات میں گایا جاتا ہے • راگ شام کلیان (موسیقی)

۶۔ ہندستانی موسیقی کے دس ٹھاٹھوں میں سے ایک ٹاٹھ (موسیقی)

۷۔ بمبئی کے شمال میں ضلع تھانہ کا ایک قصبہ

صفت ذاتی

۸۔ سکھ • چین • اطمینان • خوشی

۹۔ خوش بختی • خوش قسمتی • فائدہ مندی • مفید (جامع اللغات، فرہنگ آصفیہ)

دریغ
دَ • رِ ے • غ ('یا' مجہول)

فارسی • اسم کیفیت • مذکر • واحد

اسم جامد ہے اور ساخت و معنی کے طور پر بعینہٖ اردو میں رائج ہے۔

اردو لغت کے بموجب اردو میں پہلی بار ۱۶۷۸ میں غواصی کی کلیات میں استعمال ہوا۔

ا۔ آہ • ہائے • افسوس • ہائے افسوس • رنج • غم

لب پر دعائے حشر ہے، دل میں نہاں دریغ

سینہ میں شور حیف ہے ورد زبان دریغ

راسخ دہلوی، دیوان، ۱۸۹۵

۲۔ انکار • تامل • بخل • رکاوٹ

۳۔ نفرت

۴۔ (قدیم اردو) غم آمیز وسواس • خطرہ (عموماً جمع کے صیغے میں)

دریغے جو آنے لگے ڈاٹ کر

رہیا ٹکڑے ہو کر سِنہ (سینہ) پھاٹ کر

غواصی، طوطی نامہ، ۱۶۳۹

قوافی: تیغ • دیغ

محاورے: دریغ آنا = افسوس ہونا • رنج ہونا / دریغ رکھنا = کنجوسی کرنا • بخل کرنا • تامل کرنا / دریغا = افسوس ہے • غم ہے

دروغ
دَ ۰ رُو ۰ غ

فارسی - مذکر - واحد

اردو لغت کے بموجب اردو میں پہلی بار ۱۶۴۹ میں خاور نامہ میں استعمال ہوا۔

اسم مجرد

۱۔ جھوٹ • بہتان • کذب

صفت ذاتی

۲۔ جھوٹا • جھوٹی • غلط

مترادفات : افتراء • اتہام • بے بنیاد • تہمت • جھوٹا الزام • غیر حقیقی • ناروا

متضادات : (اسم) حق • صدق • راستی • سچ (صفت) اِخلاص • خلوص • راست بازی • صداقت

ترکیبات: دروغ آمیز • دروغ باف • دروغ بافی • دروغ بیانی • دروغ بندی • دروغ پا • دروغ حلفی • دروغ زن • دروغ گو

قافیہ: فروغ

محاورے: (اردو) دروغ کو فروغ نہیں • (فارسی) دروغ بر گردن راوی • دروغ گو را حافظہ نباشد • دروغ مصلحت آمیز بہ از راستئ فتنہ انگیز

عرق
عَ٠رَ٠ق

عربی ٠ا اسم نکرہ ٠مذکر ٠واحد (اردو جمع: عَرَقِیات - طب)

مصدر ثلاثی ع٠ر٠ق کے باب فعل سے مشتق اسم

اردو لغت کے بموجب اردو میں پہلی بار ۱۶۱۱ میں کلیات قلی قطب شاہ میں استعمال ہوا۔

ا۔ رطوبت جو نباتی یا حیوانی جسم میں پائی جائے (حیاتیات)

۲۔ رسدار پھل کا نچوڑ۔ رس۔

۳۔ افشردہ (طب)

۴۔ کسی شے کا کشید کیا ہوا پانی۔ دواؤں کی بھاپ کو مقطر کر کے بنایا ہوا پانی (طب)

۵۔ پسینہ (محاورہ)

موتی سمجھ کے شان کریمی نے چن لئے

قطرے تھے جو مرے عرق انفعال کے (اقبال)

۶۔ کھجور کے پتوں سے بنا ہوا ٹوکرا (ثقافت)

۷۔ تیز و تند دیسی شراب (ہندستانی انگریزی: arrack

مترادفات: آب • خاصہ • شیرہ • عطر (مجازاً)

قوافی: ادق • حق • رمق • سبق • شفق • شق • طبق • فق • لقودق (دوسرا قاف بلا تشدید) • نفق • ورق

مختلف الہجاء (دوسرا حرف راساکن ہے): برق • خرق • زرق • فرق • غرق

ارسال
اِ ر٠ سَا ٠ ل

عربی

مصدر ثلاثی ر٠س٠ل کا باب اِفعال

تلفظ کے دو قاعدے

سر دست اس کے تلفظ پر بحث ہے۔ سلمان غازی سلمہ نے آج ایک خط میں لکھا ہے کہ آج کل اہل اردو اس لفظ کو رومن اردو میں زبر کے ساتھ بطور اَرسال تحریر کر رہے ہیں۔ اردو کی نئی نسلوں کا تلفظ شرمناک حد تک غلط ہو چکا ہے اور انٹرنیٹ پر مضحکہ خیز مختصر نویسی نے اور فساد مچا رکھا ہے۔ اس لئے آج کے لفظ نما میں باب اِفعال اور باب اَفعال کی کچھ مثالیں پیش کی جا رہی ہیں۔ صرف انہی مثالوں کا انتخاب کیا گیا ہے جو اردو میں مستعمل ہیں۔ یاد رہے جب اس دو تختیوں کے الفاظ میں پہلے الف پر زیر ہو گا تو وہ لفظ یا تو عربی مصدر سے اردو میں بطور حاصل مصدر استعمال ہوتا ہے یا بطور اسم۔ اگر پہلے الف پر زبر ہے تو وہ لفظ جمع کے صیغے میں آتا ہے۔ دونوں کی چند مثالیں، مع سہ حروف مصدر درج ذیل ہیں۔ ان الفاظ کے معنی یہاں نہیں دئے جا رہے ہیں۔ لغات میں دیکھے جا سکتے ہیں۔

عربی ثلاثی مصدر	حاصل مصدر	عربی ثلاثی مصدر یا اسم	جمع
ش٠ک٠ل	اِشکال	ش٠ک٠ل	اَشکال
ب٠ل٠غ	اِبلاغ	ب٠د٠ن	اَبدان
ت٠م٠م	اِتمام	ب٠ص٠ر	اَبصار
ج٠م٠ع	اِجماع	ج٠س٠م	اَجسام
ح٠س٠ن	اِحسان	خ٠ل٠ق	اَخلاق
س٠ل٠م	اِسلام	ع٠م٠ل	اَعمال

ظ•ہ•ر　　اِظہار　　غ•ر•ض

اَغراض

ع•ز•ز　　اِعزاز　　ف•ض•ل

اَفضال

ق•ب•ل　　اِقبال　　ف•ع•ل

اَفعال

ق•ر•ر　　اِقرار　　م•ر•ض

اَمراض

ل•ز•م　　اِلزام　　ن•ص•ر

اَنصار

ن•ص•ف　　اِنصاف　　ن•ف•س

اَنفاس

ن•ع•م　　اِنعام　　ن•و•ر

اَنوار

ن•ک•ر　　اِنکار　　ن•و•ع

اَنواع

جمدھر

جَم • دَھر

سنسکرت - ہندی

اسم نکرہ • مذکر • واحد

اردو لغت کے مرتبین کی رو سے اردو میں پہلی بار ۱۷۰۷ میں کلیات ولی دکنی میں استعمال ہوا۔

متغیرات: جمدر • یمدھر • یمدر

۱۔ سیدھا دودم خنجر • دودھاری کرپان

۲۔ پیش قبض

۳۔ ایک قسم کا بادامی کاغذ (جامع اللغات)

۴۔ بادامی رنگ کے کاغذ سے بنائی ہوئی پتنگ • بادامی رنگ کا کنکوا

قدیم

قَ ٠ دِی ٠ م

عربی

مصدر ثلاثی ق٠د٠م کے باب فعیل سے اسم صفت۔ اردو میں ساخت و معنی کے ساتھ بعینہٖ رائج ہوا۔

اردو لغت کے بموجب اردو میں پہلی بار ۱۶۳۵ میں ملا وجہی کی سب رس میں استعمال ہوا۔

جمع : قُدماء

ا۔ پرانا ٠ اگلے زمانے کا ٠ گزرے دنوں کا ٠ دیرینہ ٠ کہنہ ٠ مزمن (طب) ٠ سابق

۲۔ جس کی کوئی ابتدا نہ ہو ٠ جس سے پہلے عدم یا حدوث نہ ہو (علم الکلام)

۳۔ ازلی ٠ سرمدی ٠ سابق

۴۔ دائمی ٠ ہمیشگی والا (مجازاً)

۵۔ آبائی ٠ جدی ٠ موروثی

۶۔ بوسیدہ • فرسودہ • گھسا ہوا • خستہ • ناکارہ • از کار رفتہ

مصدر سے دیگر مشتقات: استقدام • اَقدام • اِقدام • تقدیم • قادم • قدامت • قَدَم • قدِم • قُدوم • متقادم • مقَدَم • مُقدّم • مقدمہ • مقدمی

قوافی: عدیم • ندیم • • افیم • الیم • جہیم • حریم • حطیم، حکیم • حلیم • رجیم • سلیم • سہیم • شمیم • صمیم • علیم • عمیم • کریم • کلیم • نسیم • • وسیم • یتیم

انگریزی مترادفات:

Ageless. Ancient. Eternal . Everlasting. Old. Timeless. Uncreated. Used. Without a beginning.

ازبر
آز بَر

فارسی صفت ذاتی

ا۔ حفظ • نوک زبان • زبانی یاد

۲۔ جو فر فر سنایا جاسکے

قوافی: افسر • برتر • جوہر • خواہر داور • زیور • کہتر • مادر • مسطر • مصدر • منظر • یاور

کوکب

کَو • کَب

عربی • مستقل لفظ ہے

اسم نکرہ • مذکر • واحد

جمع: کواکب

مؤنث: کوکبہ (اردو اور عربی میں یہ جماعت، گروہ اور جلوس شاہی کے معنیٰ بھی دیتا ہے)

ا۔ سیارہ • وہ کرہ خلائی جو خود روشن نہ ہو (ضد: ثابتہ)

۲۔ ستارہ • تارہ • بڑا تارہ • روشن ستارہ

۳۔ سردار قوم • رئیس قوم • چودھری

۴۔ شہسوار قوم • ہتھیار بند سپاہی (حربیات)

۵۔ لوہے کی چمک دمک

۶۔ تلوار

۷۔ لمبی نبات • لمبی گھاس • میخ (مجازاً)

۸۔ سبزہ پر پڑی ہوئی شبنم

۹۔ باغ کی کلی • درخت پر لگی ہوئی کلی

۱۰۔ قریب البلوغ لڑکا

۱۱۔ پانی کا نشان جو کنویں کی تہہ میں نظر آئے

قوافی: مطلب • مرکب • مکتب • منصب

یاد داشت: عربی میں ہر لفظ کثیر المعنیٰ ہوتا ہے، کبھی حقیقی مفہوم میں ظاہر ہوتا ہے، کبھی مرادی طور پر استعمال میں آتا ہے، اور کبھی عربی روزمرہ اور محاورہ، تشبیہ و استعارہ کے عنوان سے۔ لفظ کوکب عربی زبان کی اس خوبی کی ایک عمدہ مثال ہے۔ اردو میں یہ لفظ ستارے یا سیارے کے لئے استعمال ہوتا ہے۔ اس سے دونوں ہی مراد لئے جاتے ہیں۔ تاہم عربی میں اس باب میں یہ لفظ صرف سیارہ کی نشان دہی کرتا ہے۔ جس میں اپنی روشنی نہیں ہوتی۔ بلکہ وہ کسی بذاتہ روشن ستارے کے انعکاس نور سے دمکتا ہے۔ بقول علامہ ابن منظور، کوکب اس کرہ خلائی کو کہتے ہیں جس کی روشنی مستعار ہوتی ہے (لسان العرب، ج ۱۲، ص ۹۸۱)

اردو مصرعہ: : ہیں کوکب کچھ نظر آتے ہیں کچھ : : اس سائنسی مفہوم کو بخوبی ادا کرتا ہے۔

مزمن

مُز ۰ مِن

عربی

مصدر ثلاثی ز ۰ م ۰ ن کے باب مفعل میں اسم فاعل۔ اردو میں بطور صفت استعمال ہوتا ہے۔

اردو میں پہلی بار ۱۸۰۵ میں آرائش محفل (عرف قصہ حاتم طائی) میں استعمال ہوا۔ (اردو لغت)

صفت ذاتی ۰ مذکر ۰ واحد

۱۔ پرانا مرض (طب) (مصباح اللغات)

۲۔ دیرینہ ۰ کہنہ ۰ قدیم ۰ پرانا

۳۔ عادتاً پرانی عادت کے طور پر (مجازاً)

شائد میں ہی ان انسانوں میں ہوں جو مزمن طور پر ناخوش رہتے ہیں۔

ن م راشد۔

ایک مطالعہ / ۱۹۸۶

مصدر سے دیگر مشتقات : ازمِنہ • زمان • زمانہ • زمَن • زمِن (عربی: لنجاہونا) • مُزامِنہ (عربی: موَقتی معاہدہ)

قوافی: محسن • مومن

باب مفعل کی مثالیں: مجرم • محرم (فقہ) • مخلص • مرشد (تصوف) • مسکت • مسلم • مسہل (طب) • مشکل • مصلح • مغنی • مفتی (فقہ) • مفسد • مفلس • مقری (قرآنیات) • ملزم • منذر (تاریخ) • منضج (طب) • موثق • موجب • موجد • موذی • مورد • مونس

انگریزی مترادفات:

Ancient. Chronic (Medicine) . Deep-rooted. Deep-seated. Inveterate. Old.

حادث

حَا • د • ث

عربی

مصدر ثلاثی ح • د • ث کے باب فاعل سے اسم۔ اردو میں ساخت و معنی میں بعینہٖ عربی سے ماخوذ بطور اسم صفت استعمال ہوتا ہے۔

اردو میں پہلی بار ۱۵۶۵ میں جواہر اسرار اللہ میں استعمال ہوا۔ (اردو لغت)

جمع استثنائی: حادثین • حوادِث

حادث کو در قدیم معلوم نہیں امجد حیدر آبادی/ رباعیات / ۱۹۴۷

صفت ذاتی • مذکر • واحد

۱۔ نیا • جدید • نو آفریدہ • نوزائیدہ • نو پیدا شدہ • جو پہلے نہ ہو

۲۔ غیر ازلی • غیر ابدی • مخلوق (علم کلام)

۳۔ زوال قبول کرنے والا • زوال آمادہ • فنا ہونے والا • فانی (نور اللغات)

۴۔ آفریدہ • پیدا • زائیدہ • تخلیق کیا ہوا

۵۔ ظاہر • موجود • واقع • ہویدا

وہ حرکت شدید ہے جو غبارات میں طلب خروج کے لئے حادث ہوتی ہے۔

رتن

ناتھ سرشار / فسانۂ آزاد / ۱۸۸۰

۶۔ چھ سے کم قضا نمازیں (فقہ)

یعنی چھ سے زیادہ ہوں یا حادث ہوں، یعنی چھ سے کم ہوں۔

نورالہدایہ /

۱۸۶۷

مترادفات:

(حقیقی) آفریدہ • تازہ • حالیہ

(مجازی) آشکار • بَیِّن • شائع • صاف • صریح • علانیہ • عیاں • فاش • کھلا • مترشح • واضح

متضاد: قدیم

مصدر سے دیگر مشتقات: تحدیث • حادثات • حادثہ • حدوث • حدیث • حوادث • محدِّث

قوافی: باعث • ثالث • حارث • وارث

انگریزی مترادفات:

Apparent. Contemporary. Created. Current. Ephemeral. Evanescent. Fleeting. Fresh. Innovated. Innovative. Modern. New. Novel. Recent. Temporary. Transient. Transitory.

لکیر

لَ · کِی · ر ('ی' معروف)

سنسکرت / ہندی

اسم نکرہ • مؤنث • واحد

سنسکرت کے اسم لک میں حاصل مصدر 'یر' بطور علامت لگانے سے بنایا گیا۔ عربی رسم الخط میں اسم نکرہ کے طور پر اردو میں مستعمل ہے۔

اردو لغت کے بموجب اردو میں پہلی بار ۱۶۰۲ میں شرح تمہیدات ہمدانی میں استعمال ہوا۔

جمع: لکیریں ('ی' مجہول)

جمع غیر ندائی: لکیروں ('و' مجہول)

۱۔ خط • ریکھا • دھاری • لیک • لیکھ • لائن

۲۔ وہ نشان جو خط کی شکل میں کسی شے کی سطح پر پڑ جائے یا بنایا جائے۔

۳۔ سلسلہ • قطار

۴۔ سطر • خفی تحریر

۵۔ وہ نشان جس کی لمبائی ہو مگر چوڑائی اور موٹائی نہ ہو (اقلیدس / جیومیٹری)

۶۔ موروثی طور طریقہ • آبائی رسم • قدیم دستور • طرز کہن • پرانی روش

۷۔ سانپ کے چلنے کا نشان (فرہنگ آصفیہ۔ جامع اللغات۔ نور اللغات)

۸۔ خراش (مجازاً)

دیکھ سینے میں پڑ نہ جائے لکیر

ہے یہ صہبائے عشق تند اور تیز — فراق گورکھپوری / گل نغمہ / ۱۹۵۹

۹۔ چھکڑوں اور گاڑیوں کے پہیوں کے نشان جو سڑکوں یا زمین پر پڑ جاتے ہیں۔ (فرہنگ آصفیہ۔ جامع اللغات)

اسم سے فعل: لکیرنا

قوافی: اسیر • امیر • حقیر • دبیر • ضمیر • عبیر • نظیر

محاورات: لکیر کا فقیر • لکیر پر چلنا • لکیر پیٹنا • لکیر کھینچنا

ظاہر ہوئی کمیٹی کی، کالج کی اک لکیر

آخر کو اس لکیر کے سب ہو گئے فقیر

اکبر الہ آبادی / کلیات / ۱۹۲۱

تھم
تَھ ٠ م

ہندی - مذکر - واحد

جمع غیر ندائی: تھموں ('و' مجہول)

سنسکرت کے لفظ ستنبھ سے ماخوذ ہے۔ اردو میں تصرف کے ساتھ عربی رسم الخط میں مستعمل ہے۔

اردو لغت کے مطابق اردو میں سب سے پہلے ۱۷۶۹ میں آخر گشت (؟) میں استعمال ہوا۔

اسم نکرہ

۱۔ ستون • کھم • کھمبا

۲۔ عمود

۳۔ آڑ • اٹکاؤ • رکاوٹ • روک

۴۔ ایک مٹھائی (جو ستون کی شکل میں بھی ہو سکتی ہے) یا حلوہ پوری جسے ہندو عورتیں بتوں پر چڑھاتی ہیں (فرہنگ آصفیہ، جامع اللغات، شبد ساگر)

فعل لازم • امر کا صیغہ

۵۔ ٹھہر • رک • ٹک

متغیرات: تھمب • تھمبا

مترادفات: رکن • مستول

محاورے: تھم تو سہی (ذرا ٹھہر تو، ذرا رک تو) • تھم ہو جانا (پیر پر ورم آ جانا - طب) • تھما دینا (پکڑا دینا، حوالہ کرنا) • تھمے رہنا (ٹکے رہنا، قائم رہنا، مزاحمت کرتے رہنا)

انگریزی مترادفات:

۱۔ Column * Pillar * Pole * Post * Flagpost * Shaft

۲۔ Prop * Support

فرسخ

فَر • سَخ

فارسی

اسم نکرہ • مذکر • واحد (اردو جمع: فرسخوں - اردو قاعدہ سے

فرائخ - عربی

قاعدہ سے

فرسنگ بھی بولا جاتا ہے۔ اردو کی قدیم داستانوں میں استعمال ہوتا تھا۔

ا۔ فاصلہ، طوالت کا پیمانہ۔ مسافت (جغرافیہ)

۲۔ ڈیڑھ کوس • تین میل

۳۔ ۱۸،۰۰۰ قدم کا فاصلہ

۴۔ پارسک (parsec) تین نوری سال کے برابر کا فاصلہ (فلکیات) انگریزی میں خلائے بسیط میں سفر سے متعلق مستقبل نما ناولوں میں یہ پیمانہ استعمال ہوتا ہے۔

سحر

سِ ۰ح ۰ر (س پر کسرہ ، ح اور ر ساکن)

عربی

اسم ۰مذکر ۰ واحد

مصدر ثلاثی مجرد س ۰ح ۰ر سے مشتق اسم۔ عربی سے ماخوذ اسی ساخت اور معنی کے ساتھ اردو میں مستعمل ہے۔ انہی معنی میں فارسی اور ترکی میں رائج ہے، البتہ ترکی تلفظ میں ح ساکن نہیں، مکسورہ بولی جاتی ہے۔

اردو میں پہلی بار ۱۵۶۴ میں حسن شوقی کے دیوان میں استعمال ہوا۔ (اردو لغت)

جمع غیر ندائی: سحروں (و مجہول، ن غنہ)

ا۔ جادو ۰ افسوں ۰ فیر ۰ نیرنگ ۰ طلسم

سحر بالکسر لغت میں ہر ایسے اثر کو کہتے ہیں جس کا سبب ظاہر نہ ہو۔

مولانا مفتی محمد شفیع / معارف القرآن ۰ ج ۱ /

۱۹۶۹

سامری نے سحر سیکھا ہے تری تقریر سے

نسیم / بحوالہ فرہنگ آصفیہ / ۱۹۰۶

۲۔ منتر ۰ ٹونا ۰ ٹوٹکا

۳۔ اثر ۰ تاثیر ۰ کشش

۴۔ وہ شے یا عمل جس کا ماخذ لطیف و دقیق ہو (مصباح اللغات)

۵۔ باطل کو حق کی صورت میں ظاہر کرنا ۰ ہر وہ کام جس کے حاصل کرنے میں شیطانی تقرب کی ضرورت ہو (مصباح اللغات)

۶۔ خیالات کو پلٹ دینے والی تقریر یا تحریر ۰ سحر الکلام ۰ زبان کی لطافت جو جادو کا کام کرے (مصباح اللغات)

۷۔ متاثر کو خوف سے بزدل بنا دینے والا عمل (مصباح اللغات)

مصدر سے دیگر مشتقات: سَحَّار / جادوگر ۰ ساحر ۰ ساحرہ ۰ ساحری ۰ ساحرات ۰ سواحر

قرآنیات: قرآن حکیم میں ۶۰ مقامات پر لفظ سحر اور اس کے مشتقات وارد ہوئے ہیں۔

فواد عبدالباقی / معجم المفہرس /
۱۹۴۵

تر کیبات: سحر انگیز • سحر انگیزی • سحر البیان • سحر البیانی • سحر آفریں • سحر آفرینی • سحر بیانی • سحر حلال • سحر زدہ • سحر سامری • سحر طراز • سحر طرازی • سحر نگار • سحر نگاری • سحر نما

قوافی: جسر • چتر • حبر • خضر • ذکر • زہر • سدر • صفر • عطر • فکر • فہر • قہر • کبر • متر • مصر • مہر • ہجر

انگریزی مترادفات:

Enchantment. Fascination. Magic

سحر

سَ • حَر (س اور ح پر فتحہ ، ر ساکن)

عربی

اسم /زماں • مؤنث • واحد

مصدر ثلاثی مجرد س • ح • ر سے مشتق اسم۔ عربی میں کثیر المعنٰی ہے اور مشتقات اختلاف معانی سے عبارت ہیں۔ عربی سے ماخوذ اسی ساخت اور معنٰی کے ساتھ اردو میں مستعمل ہے۔ انہی معنٰی میں فارسی میں رائج ہے۔

سحر کے لفظی معنٰی چھپی ہوئی چیز کے ہیں۔ صبح صادق کو اسی لئے سحر کہتے ہیں کہ وہ رات کے اندھیرے میں کچھ روپوش ہوتی ہے۔ جادو بھی چھپا ہوا عمل ہوتا ہے اس لئے اس لفظ کا مصدر بھی یہی ہے۔ عوام میں اس لفظ کا غلط تلفظ س اور ح پر زیر کے ساتھ رائج ہے۔

جمع استثنائی : اسحار

ا۔ طلوع شمس سے کچھ پہلے کا وقت • وہ وقت جب رات کا چھٹا حصہ باقی رہ جائے • اخیر رات کا وقت • تاروں کی چھاؤں • چار گھڑی کا تڑکا • تڑکا • نور کا تڑکا

۲۔ فجر • بھور • صبح دم

امید زیست کسے ہے فراق جاناں میں

نہ ہو، اگر شب غم کی سحر نہیں ہوتی

صبا/فرہنگ آصفیہ

۳۔ کنار صبح

۴۔ ہر شے کا کنارا

مصدر سے دیگر مشتقات: اِستحر (مرغ کا سویرے بانگ دینا • صبح ہونا) • سُحرَہ (صبح کاذب) • سحر الاعلیٰ (صبح کاذب) • سحر الآخر (صبح صادق) • سحری۔ جمع سحور (طلوع آفتاب سے پہلے کا کھانا رمضان مبارک میں)

قرآنیات: سحر ایک بار اور اس کی جمع اسحار دو بار قرآن حکیم میں وارد ہوئی ہے۔

فواد عبدالباقی / معجم المفہرس / ۱۹۴۵

مترادفات: بامداد • پگاہ • سویرا

متضادات: لیل • لیل دجیٰ • شب • رات • اندھیرا • تاریکی • تیرگی • شام • مساء • تیرہ شبی

ترکیبات: سحر خیز • سحر خیزی • سحر خیز یا • سحر دم • سحر گاہ • سحر گاہی • سحر گہی • نور سحر • وقت سحر •

قوافی: پر • تر • خر • در • ڈر • زر • سر • شر • اثر • اگر • ببر • بسر • بشر • بصر • بقر • بھنور • پٹر پٹر • پدر • پسر • تر بتر • تبر • تتر • تمر • ٹھہر • ثغر • ثمر • جفر • جگر • چتر • چنور • حجر • حذر • خبر • خطر • دربدر • دگر • رہبر • زبر • ستر • سطر • سفر • سقر • سنور • سر • صرر • شجر • شرر • شکر • ظفر • عمر • قمر • کسر • کمر • کنور • گذر • لچر • مفر • مگر • نڈر • نظر • نفر

انگریزی مترادفات:

Daybreak. Dawn. Morning

توسن

تَو۔سَن (ن ساکن)

فارسی

اسم نکرہ • مذکر • واحد

ا۔ اصلاً : بے سدھا گھوڑا • تند اور سرکش بچھیرا • وہ گھوڑا جو ابھی لانگھا نہ گیا ہو • جس گھوڑے پر ابھی سواری نہیں کی گئی۔

۲۔ عموماً : اسپ • گھوڑا • فرس • رہوار • راہوار • مَرکَب • حصان • سمند

اس نسل کے دیگر جانور : خچر • ٹٹو • گدھا • حمار • خر • گورخر

قوافی : ایمن • برتن • پیل تن • تن بدن • تن من • چلمن • جامن • چندن • چورن • خرمن • دامن • درپن • ڈھکن • راون • روزن • سالن • ساون • سوزن • سیم تن • کارن • کندن • گردن • گلخن • گلشن • لہسن • مأمن • نسترن • یاسمن

انگریزی مترادفات :

Colt. Dobbin. Filly. Foal. Horse. Mare. Mount. Stallion. Steed.

ہرکارہ

ہَر ۰ کَا ۰ رَہ

فارسی

اسم نکرہ ۰ مذکر ۰ واحد

فارسی الفاظ ہر (تمام، کل، سب) + کارہ (کام والا، پیشہ ور) سے مرکب اسم۔ اسی ساخت اور معنی کے ساتھ اردو میں مستعمل ہے۔

واحد غیر ندائی: ہرکارے (ے مجہول)

جمع: ہرکارے

جمع غیر ندائی: ہرکاروں (و مجہول، ن غنہ)

۱۔ ہر کام کرنے والا ۰ ہر ایک کام کا

۲۔ خبر رساں ۰ خبرچی (ترکی) ۰ ڈاکیہ ۰ قاصد ۰ نامہ بر ۰ چٹھی رساں ۰ پیک ۰ پیادہ ۰ ایلچی (ترکی) ۰ دوت ۰ پیامی ۰ پیغام رساں

یہ زمانے کی خبر ٹھیک ہمیں دیتا ہے

طاق ہے اور بھی ہر کام میں ہر کارۂ دل

داغ دہلوی / کلیات

۳۔ مذکوری • دستکی • چپراسی • اردلی

۴۔ مخبر • جاسوس • بھیدی • گوئندہ • خفیہ نویس

قوافی : آوارہ • اجارہ • ادارہ • اشارہ • انگارہ • بے چارہ • پشتارہ • دوبارہ • دُوارہ • شرارہ • طرارہ • فوارہ • کنارہ • گوارہ • نقارہ

انگریزی مترادفات :

Handyman. Mailman. Messenger.
.Newsgiver. Postman

گڈامی

گُڈ • ڈَا • مِی

اردو

اسم • مذکر • واحد

انگریزی کی گالی کے فقرے (Go damn you or God damn you) سے اردو کا لفظ وضع کیا گیا

یادداشت: گورے افسر ہندستانی مزدوروں اور اہل کاروں کو مخاطب کرتے ہوئے عام طور سے یہی دو فقرے استعمال کیا کرتے تھے، جن کا مطلب ہوتا تھا خدا تیرا برا کرے یا او، مردود چلا جا۔ اس سے ہندستانی مزدوروں نے گورے افسروں کے لئے یہ لفظ وضع کیا تھا۔

جمع غیر ندائی: گڈامیوں (و مجہول، ن غنہ)

ا۔ مردود • ملعون • پاجی • مردک • لعنتی • کمینہ • ذلیل

غرابت اپنا پیشہ ہے تخلص اپنا علامی

کوئی کہتا ہے پاگل اور کوئی کہتا ہے گڈامی

علامی / فرہنگ آصفیہ / ۱۹۰۶

ترکیبات :

۲۔ گڈامی بولی = (اسم - مؤنث - سوقیانہ) انگریزی زبان • گوروں کی بولی • انگریزی آمیز اردو • خراب اردو

یادداشت : چونکہ گورے بات بات پر گوڈڈیم یو وغیرہ کہتے تھے، جس سے

(الف) عام ہندوستانیوں میں یہ تاثر پیدا ہوا کہ انگریزی بری اور گالیوں کی زبان ہے اور انہوں نے اس کا نام ہی گڈامی بولی رکھ دیا۔

(ب) مقامی کرستان یا انگلوانڈین بگڑی ہوئی اردو (ام جاٹا اے، ام سوٹا اے) بولتے تھے تو ان کی زبان کو بھی گڈامی بولی کہا جاتا تھا۔

(ج) مجازاً: وہ اردو جس میں انگریزی الفاظ کی بھرمار ہو۔

۳۔ گڈامی جوتا = (اسم - مذکر - سوقیانہ) انگریزی جوتا • بوٹ • پمپ • لوفر

متضادات : شریف • متین • عزتمند • ہندستانی

قوافی : الزامی • حرامی • دوامی • عوامی

انگریزی مترادفات : Lingo

تاغ

تَا ۰ غ (غ ساکن)

ترکی

اسم نکرہ/ مکان ۰ مذکر ۰ واحد

ترکی سے ماخوذ اسی ساخت اور معنیٰ کے ساتھ اردو میں مستعمل ہے۔ فارسی میں انہی اور کچھ مختلف معنیٰ میں بھی رائج ہے۔

جمع : تاغ لیق ۰ تاغلیق (انگلیزجہ ترکچہ سُزلوق- Ingilizce-Turkce (Sozluk

مجازاً: کوہستانی علاقہ

ا۔ پہاڑ ۰ پہاڑی (فرہنگ عامرہ)

(منگولوں نے) ارزنجان اور جوموش کے نواح میں ۔۔۔ کوسی تاغ کے ایک تنگ درے میں (سلجوقیوں کو) شکست دی۔

محمد طارق غازی/ سلطنت عثمانیہ /

۲۰۰۹

۲۔ بلند زمین • سطحِ مرتفع • حدب

۳۔ ڈونگری

۲۔ فارسی (اضافی مطالب)

اسم نکرہ - مذکر - واحد

۴۔ ایک بڑا درخت • تاخ کا درخت (فرہنگ عامرہ) • چھتنار درخت • چنار • انار کا درخت • تمر ہندی • املی کا درخت

۶۔ پرچم کا مستول • جھنڈے کا ڈنڈا

متضادات: نشیب • وادی • ڈھلوان • نیچان • پست زمین • جھکواں • ڈھالو • ترائی • میدان • مسطح • ہموار زمین

قوافی: ابلاغ • اصطباغ • ایاغ • باغ • بلاغ • چراغ • چماغ • داغ • دماغ • راغ • زاغ • سراغ • شماغ • طاغ • لاغ • نِفاغ

انگریزی مترادفات:

.Highland. Hill. Hillock. Plateau

گربہ

گُر • بَہ

فارسی

اسم نکرہ • مؤنث • واحد

فارسی سے ماخوذ اسی ساخت اور معنیٰ کے ساتھ اردو میں مستعمل ہے۔

اردو میں پہلی بار ۱۷۹۵ میں قائم کے دیوان میں استعمال ہوا۔ (اردو لغت)

ا۔ شیر کی نوع کا ساب سے چھوٹا گوشت خور چوپایہ جس کے مختلف رنگ اور قسمیں پائی جاتی ہیں • چوہے کھانے والا جانور

فارسی کہاوت : گربہ کشتن روز اول - رعب پہلے ہی دن جمانا چاہیئے

۲۔ بلی • بلاؤ

۳۔ پوشک • پشک • تانو • سنور • ہُرّہ • ہریرہ • قط • گیبی (ترکی)

ترکیبات : گربہ گوں (مکار • فریبی) • گربہ چشم (نیلی یا کرنجی آنکھیں جو بے مروتی کی علامت ہیں) • گربہ چشمی (بے مروتی) • گربہ شعاری (متلون مزاجی) •

گربۂ مسکیں (مسمسی صورت والا فریبی) • گربہ کرسی (بلی کی شکل کی کرسی یا میز: حرفت)

انگریزی مترادفات:

Cat. Feline. Kitty. Pussy. Tabby

کلبہ

کُ ۰ل ۰ بَہ (و معروف ۰ل ساکن)

فارسی

اسم •مذکر • واحد

اسم جامد ہے۔ اسی ساخت اور معنیٰ کے ساتھ اردو میں مستعمل ہے۔

ا۔ چھوٹا گھر • تنگو تاریک حجرہ • غریبوں کا گھر • جھونپڑا (جھونپڑی)

۲۔ مہتر یا خاکروب کا گھر

۳۔ اندھیرا کونہ • تاریک گوشہ • گوشہ

۴۔ دکان کا کونہ

متضادات : ایوان • بارگاہ • پختہ مکان • حویلی • سرائے (ترکی) • قصر • محل • محلسرا

ترکیبات : کلبۂ احزاں

پاؤں میرا کلبۂ احزاں میں اب رہتا نہیں

رفتہ رفتہ اس طرف جانے کی مجھ کو لت ہوئی   میر تقی میر
/کلیات

انگریزی مترادفات :

Shack. Shanty. Hovel. Hut

درود

دُ ۰ رُو ۰ د (و معروف ۰ د ساکن)

فارسی

اسم نکرہ ۰ مذکر ۰ واحد

فارسی مصدر ۰ دُرودن ۰ (بمعنٰی کھیت کاٹنا، فصل کاٹنا، لکڑی کاٹنا) کا مضارع ہے۔ مصدر سے مشتق اسم جامد ہے۔ اس ساخت اور مختلف معنٰی کے ساتھ اردو میں مستعمل ہے۔

اردو میں تحریراً پہلی بار ۱۵۶۴ میں حسن شوقی کے دیوان میں استعمال ہوا۔ (اردو لغت)

جمع غیر ندائی: درودوں (پہلا و معروف، دوسرا و مجہول، ن غنہ)

جمع استثنائی: اَوراد (عربی قاعدہ سے)

ا۔ رسول اللہ صلی اللہ علیہ وسلم پر صلوٰۃ وسلام ۰ رسول اللہؐ اور آپؐ کی آل (امت) کے لئے دعائیہ کلمات ۰ رسول اللہ کی مدح و ستائش

بھیجی ہیں درودوں کی کچھ ہم نے بھی سوغاتیں حامد الانصاری غازیؒ /

۱۹۸۴

۲۔ صلوٰت : اللہ تعالیٰ کی طرف سے بندوں کے لئے ہو تو رحمت و برکت، ملائکہ کی طرف سے ہو تو استغفار، اہل ایمان کی طرف سے ہو (بالخصوص نبی برحق پر) تو دعا اور سلام، بہائم و طیور کی طرف سے ہو تو تسبیح کے معنٰی دیتا ہے۔ (فرہنگ آصفیہ)

۳۔ وہ مقررہ کلمات جو نماز میں یا دیگر مواقع پر رسول اللہ اور آپ کی آل کے لئے سلام اور برکت کی دعا کے طور پر پڑھے جاتے ہیں۔ (اردو لغت)

۴۔ درود ابراہیمی : جو نماز میں ہر دوسری رکعت کے قعدے میں تشہد کے بعد پڑھا جاتا ہے۔

۵۔ درود شریف : عربی کا اسم صفت، شریف، بطور لاحقہ لگا کر ترکیب بنائی گئی ہے، درود کی تعظیم کی خاطر۔ یہ ترکیب اردو میں تحریراً پہلی بار ۱۸۸۷ میں خیابان آفرینش میں استعمال ہوئی۔ (اردو لغت)

٦۔ رحمت • استغفار • دعا (فرہنگ عامرہ)

۷۔ تحسین • آفرین • تعریف • ستائش • شاباش (مجازاً)

۸۔ تسبیح • وظیفہ • ذکر

قرآنیات : قرآن حکیم میں لفظ درود کا عربی مترادف مصدر • ص ل ی • اور اس کے مختلف المعنٰی مشتقات ۱۰۴ مقامات پر وارد ہوئے ہیں۔ رسول اللہؐ پر درود کے مفہوم میں ایک آیت مبارکہ میں دو بار استعمال ہوا ہے۔

فواد عبدالباقی / معجم المفہرس / ۱۹۴۵

متضادات : ادباً حذف کر دیئے گئے۔

ترکیبات : درود ابراہیمی • درود تاج • درود شریف

محاورے : درود بھیجنا (رسول اللہؐ کی تعریف کرنا • صلوٰت پڑھنا • تعریف کرنا • تحسین کرنا • کسی اچھی شے کو دیکھ اللہ رسولؐ کو یاد کرنا) • درود پڑھنے کے قابل (اعلیٰ • بہترین • بے حد نفیس • بے مثال • نہایت عمدہ • قابل تعریف)

قوافی : افزود • بہبود • بود • ثمود • جمود • جنود • جود • جہود • حدود • خلود • داؤد • دود • ربود • رود • زود • سجود • سرود • سعود • سود • شہود • عبود • عقود • عمود • عود • غدود • فزود • قعود • قیود • کبود • کشود • محسود • محمود • مسعود • موعود • نقود • نمود • وجود • ودود • ورود • وعود • ہود

انگریزی مترادفات :

Admiration. Adoration. Adulation. Benediction. Blessing. Clemency. Exoneration. Exculpation. Forgiveness. Mercy. Pardon. Praise. Prayer. Respect. Reverance. Salutation. Supplication. .Thanksgiving. Veneration

تواضع

تَ ۰ وَا ۰ ضُ ۰ ع (ع ساکن)

عربی

اسم نکرہ ۰ مؤنث ۰ واحد

مصدر ثلاثی مجرد و ۰ ض ۰ ع سے مشتق اسم۔ ثلاثی مزید فیہ کے باب تفاعل سے مصدر ہے۔ اردو میں بطور حاصل مصدر مستعمل ہے۔ عربی سے ساخت اور معنیٰ کے ساتھ بعینہٖ اردو میں داخل ہوا۔ انہی معنیٰ میں فارسی میں رائج ہے۔ ترکی میں مترادفات مستعمل ہیں۔

اردو میں پہلی بار ۱۷۰۷ میں ولی دکنی کی کلیات میں استعمال ہوا۔ (اردو لغت)

ا۔ فروتنی ۰ انکسار ۰ عاجزی ۰ خاکساری

تواضع اور خاکساری کی راہ سے آپؐ اکڑوں بیٹھ کر کھانا تناول فرماتے تھے۔

شبلی نعمانی /

سیرۃ النبیؐ ۰ ج ۲ / ۱۹۱۴

۲۔ جھک کر ملنا

آپ سے جھک کے جو ملتا ہوگا   آپ سے قد میں وہ لمبا ہوگا

وکیل اختر / کلکتہ کا ایک جوانا مرگ شاعر ۰

بیسویں صدی کی اٹھ دہائی

۳۔ اپنے نفس کو حقیر رکھنا اور دوسروں کو اپنے نفس پر فزونی دینا ۰ خود کو کمتر گرداننا اوروں کو خود پر فوقیت دینا (تصوف)

۴۔ خاطر ۰ خاطر داری ۰ مدارا ۰ مدارات ۰ آؤ بھگت ۰ مہمان نوازی

۵۔ دعوت

۶۔ نذر ۰ بھینٹ (نور اللغات)

۷۔ پاس لحاظ ۰ دل داری ۰ ناز برداری

مصدر سے دیگر مشتقات: اوضاع ۰ متواضع ۰ مواضع ۰ موضع ۰ موضوع ۰ موضوعات ۰ وضع

مترادفات: اخلاق ۰ اسلام ۰ تسلیم ۰ خشوع ۰ خضوع ۰ خلق ۰ سادگی ۰ مسکنت ۰ منت ۰ ہیچمدانی

متضادات: انانیت ۰ پندار ۰ تکبر ۰ خود پسندی ۰ خشونت ۰ رعونت ۰ عُجب ۰ غرور ۰ کبر ۰ نخوت ۰ ۰ اہانت ۰ تحقیر ۰ تندلیل ۰ توہین ۰۰ پھٹکار ۰تنبیہ ۰ جھڑکی ۰ توبیخ ۰ دھتکار ۰ ڈانٹ ۰ ڈانٹ ڈپٹ ۰ زجر ۰ زجر و توبیخ ۰ طعن ۰ طنز ۰ لعنت ۰ ملامت

ترکیبات: وضع دار • وضع داری

محاورے: وضع بدلنا (طور بدلنا) • وضع کرنا (مجرا کرنا، منہا کرنا) • وضع کہے دیتی ہے (صورت سے ظاہر ہے) • وضع ہونا (حساب میں سے کٹنا • ایجاد ہونا)

قوافی: تتبع • ترفع • تضرع • تنازع • تنوع • تورع • تہرع

انگریزی مترادفات:

Civility. Courtesy. Entertainment. Gift. Humility. Kindness. Present. Reception. Self-Denial. Submissiveness. Treat.

وضع
وَ ۰ ض ۰ ع   (ض اور ع ساکن)

یادداشت: شاعری میں پڑھتے ہوئے ۰ع۰ پر فتحہ محسوس ہوتا ہے۔ غلط العام کے طور پر ۰ض۰ پر زبر بولا جاتا ہے۔ یہی صورت اس لفظ کے دیگر قوانی کے ساتھ بھی ہے جو نیچے دیے گئے ہیں۔

عربی

اسمِ نکرہ ۰ مؤنث ۰ واحد

مصدرِ ثلاثی مجرد بھی وَ ۰ ض ۰ ع ہے۔ عربی سے ماخوذ اسی ساخت مگر کئی بالکل مختلف معنوں کے ساتھ اردو میں مستعمل ہے۔ عربی میں یہ لفظ اصلاً کم کرنے، تذلیل کرنے، تحقیر کرنے یا گرانے کے معنوں میں آتا ہے جس کے اشارے درج ذیل تعریفات ۷، ۸، ۹ میں ملتے ہیں۔ فارسی میں بھی رائج ہے۔

میر تقی میر اور رند لکھنوی نے یہ لفظ استعمال کیا ہے۔ (اردو لغت)

جمع: وضعیں (ی مجہول، ن غنہ) ۰ وضعائیں (ی مجہول، ن غنہ)

دوسری جمع:

فرہنگ آصفیہ / متروک، غیر فصیح

جمع استثنائی: اوضاع (عربی قاعدہ سے)

۱۔ رکھنا (عربی - مصباح اللغات)

۲۔ بنانا • ترتیب دینا • گڑھنا (علم الحدیث)

۳۔ طرز • قسم • روش • دستور • طور • طریق • رنگ ڈھنگ • چال چلن •

میر کی وضع یاد ہے ہم کو
نامرادانہ زیست کرتا تھا
میر تقی میر / کلیات

۴۔ صورت • شکل • ہیئت • بناوٹ • ساخت • ڈیل ڈول

۵۔ حالت • دھج • بھیس

۶۔ بنیاد • نیو • بِنا

۷۔ زچگی • بچہ جننا (وضع حمل) • اسقاط (عربی)

۸۔ ناقص القویٰ بچہ (عربی)

۹۔ کھاتے سے رقم نکالنا • مجرا • نفی • منہا • تفریق (ریاضی) • خارج

۱۰۔ آن • انداز • ادا

کرے گی دیکھئے کس کس کو سیدھا

یہ ٹیڑھی وضع تیری بانکی بانکی رند لکھنوی/

دیوان

۱۱۔ پھبتی • موضوع اور چست بات • جملہ بازی

۱۲۔ رنگنا

مصدر سے دیگر مشتقات: تواضع • متواضع • موضوع • موضوعات

قرآنیات: اس کے مشتقات ۲۶ مقامات پر قرآن حکیم میں وارد ہوئے ہیں۔

قوافی: جزع • رفع • زرع • شرع • شفع • طبع • فزع • نزع • نفع • وجع • ورع • وسع

انگریزی مترادفات:

Design. Fabrication. Fake. Falsehood. Fashion. Form. Make. Model. Produce. Style .

جادہ
جَا ۰ دہ

عربی

اسم نکرہ ۰ مذکر ۰ واحد

مصدر ثلاثی مجرد ج ۰ دّ ۰ (د) سے مشتق اسم۔ عربی میں الجاد کا مؤنث ہے۔ عربی سے ماخوذ اسی ساخت اور معنی کے ساتھ اردو میں مذکر کے طور پر مستعمل ہے۔ فارسی اور ترکی میں بھی رائج ہے۔ اردو کے مقابلہ میں ترکی میں اس لفظ کا زیادہ استعمال ہے اور سڑکوں کے ناموں میں روڈ اور سٹریٹ کے بجائے جادہ کا لاحقہ رکھنے کا رواج ہے۔

اردو میں پہلی بار ۱۷۹۲ میں محبؔ کے دیوان میں استعمال ہوا۔ (اردو لغت)

واحد غیر ندائی: جادے (امالہ کیا گیا)

جمع غیر ندائی: جادوں (و مجہول، ن غنہ)

۱۔ سڑک کا درمیان (مصباح اللغات)

۲۔ کم چوڑا راستہ جو جنگل میں لوگوں کی آمد و رفت سے بن جاتا ہے ۰ بٹیا ۰ پگڈنڈی ۰ ڈگر ۰ ڈگری ۰ پٹری

جادہ پہنچانے گیا تا لب دریا ہم کو — شیخ محمد ابراہیم ذوق

ہوتا ہے جادہ پیما پھر کارواں ہمارا — محمد اقبال

کہکشاں ہے کہ جادہ زریں — مطلع انوار / ۱۹۲۹ / اردو لغت

۳۔ طریقہ • رسم • رواج • دستور • ریت • ڈگر • ڈھنگ • قاعدہ

طبیعت جادۂ اعتدال سے منحرف نظر آتی ہے

فسانۂ دل فریب / ۱۸۹۰ / اردو لغت

مترادفات: چلن • خیاباں • ڈانڈا • راستہ • راہ • روش • سبیل • سڑک • شارع • صراط • طریق • گزرگاہ

قوافی: بادہ • برادہ • دادہ • سادہ • مادہ • عبادہ • لبادہ

انگریزی مترادفات:

Avenue. Boulevard. Drive. Esplanade. Footpath. Lane. Median. Parkway. Path. .Promenade. Road. Street. Trail

ضمیر

ضَ • مِی •ر (ی معروف •ر ساکن)

عربی

اسم مجرد • مذکر + مؤنث • واحد

مصدر ثلاثی مجرد ض •م •ر سے مشتق اسم۔ عربی سے ماخوذ اسی ساخت اور معنیٰ کے ساتھ اردو میں مستعمل ہے۔ انہی معنیٰ میں فارسی میں رائج ہے۔

اردو میں پہلی بار ۱۶۵۷ میں گلشن عشق میں استعمال ہوا۔ (اردو لغت)

جمع : ضمیریں (پہلی ی معروف، دوسری ی مجہول، ن غنہ)

جمع غیر ندائی: ضمیروں (ی معروف، و مجہول، ن غنہ)

جمع استثنائی: ضمائر

۱۔ دل • قلب • باطن • من • جی

۲۔ اندرونِ دل • اندرونہ • اندیشۂ دل • جو دل میں گزرے • خواہش دل (تصوف)

۳۔ صحیح اور غلط میں تمیز کی اخلاقی حس • نیکو بد کی پہچان • اچھے برے میں فرق کرنے کی صلاحیت • حقو باطل کی شناخت کرنے کی استعداد • قوت ممیّزہ • تمیز • حس

کہا جاتا ہے ادیب معاشرہ کا ضمیر ہوتا ہے

کچھ نئے اور پرانے افسانہ نگار /

۱۹۸۷/ اردو لغت

۴۔ راز • بھید • مخفی • پوشیدہ • نہاں (فرہنگ آصفیہ)

۵۔ خیال • اندیشہ

۶۔ صرف و نحو: وہ کلمہ جو متکلم، مخاطب اور غائب پر دلالت کرے (مصباح اللغات) • اسم ظاہر کا قائم مقام اسم (فرہنگ آصفیہ) • اسم غیر ظاہر • اسم اشارہ جو پہلے گزرے ہوئے اسم معرفہ یا اسم نکرہ کا متبادل ہو • وہ مختصر اسم جس سے متکلم، حاضر، غائب سمجھا جائے: میں، ہم، تو، تم، آپ، وہ، یہ، اِس، اُن، مجھ، مجھے، ہمیں، تجھ، تجھے، تمہیں، اُسے، اِنہیں، وغیرہ

مصدر سے دیگر مشتقات: مضمر

قرآنیات: لفظ ضمیر قرآن حکیم میں وارد نہیں ہوا • ضامر (ایک بار) = دبلا پتلا • چھریرا • لاغر

فواد عبدالباقی / معجم المفہرس /

۱۹۵۴

مترادفات : احساس • اعتراف • پرکھ • جذبہ • جذبات • خاطر • درون • ذکاء • ذکاوت • سمجھ • سوجھ بوجھ • عرفان • عقل • فہم • معرفت • ہوش

متضادات : افشا • اوپری • بے تمیزی • بے حسی • بے عقلی • تجاہل • جاہلیت • جہالت • جہل • ظاہر • ظاہری • عیاں • فاش

ترکیبات : باضمیر • بے ضمیر • ضمیر استفہام • ضمیر حاضر • ضمیر غائب • ضمیر فروش • ضمیر متکلم

قوافی : اسیر • اجیر • امیر • پیر • تیر • حقیر • خمیر • دبیر • سفیر • شہتیر • شہیر • شیر • صریر • عبیر • قطمیر • لکیر • میر • نظیر • وزیر • ویر • ہیر

انگریزی مترادفات :

Conscience. Distinguish. Feeling. Heart. Idea. Sense. Thought

صحیفہ
صَ ۰ حِی ۰ فَہ

عربی

اسم کیفیت ۰ مذکر ۰ واحد

مصدر ثلاثی مجرد ص ۰ ح ۰ ف سے مشتق اسم۔ عربی سے ماخوذ اسی ساخت اور معنی کے ساتھ اردو میں مستعمل ہے۔ انہی معنی میں فارسی میں بھی رائج ہے۔

اردو میں پہلی بار ۱۵۹۱ میں مخطوطہ قصہ فیروز شاہ میں تحریراً استعمال ہوا۔ (اردو لغت)

واحد غیر ندائی : صحیفے (ے مجہول)

جمع : صحیفے

جمع غیر ندائی : صحیفوں (ی معروف ، و مجہول ، ن غنہ)

جمع استثنائی : صحائف ۰ صُحُف

ا۔ رسالہ

۲۔ الہامی کتاب • اللہ تعالیٰ کی طرف سے کسی نبی پر اتاری ہوئی مختصر کتاب • حضرت آدمؑ، حضرت شیثؑ، حضرت ادریسؑ، حضرت نوحؑ، حضرت ابراہیمؑ، وغیرہ پر نازل کوئی آسمانی کتاب (عموماً جمع کے صیغے میں صحف کے طور پر ذکر کی جاتی ہیں)

۳۔ قرآن، انجیل، زبور، توریت

۴۔ کتاب • چھوٹی کتاب • کتابچہ • خریطہ

۵۔ خط • مکتوب • مراسلہ

۶۔ ورق • لکھا ہوا صفحہ • لکھا ہوا کاغذ

حضرت عثمانؓ نے حضرت حفصہؓ کے پاس آدمی بھیجا اور کہلایا کہ وہ ان صحیفوں کو جن کو حضرت ابوبکرؓ نے مرتب کرایا تھا، ہمارے پاس بھیج دیں۔

مشکوٰۃ شریف (اردو ترجمہ) /۱۹۵۶/ اردو

لغت

۷۔ کسی صحابی یا تابعی کی اپنی روایاتِ حدیث کا تحریری مجموعہ

ا۔ مسند احمد میں روایت ہے کہ حضرت عبداللہ ابن عمروؓ ابن العاص نے احادیث کا جو مجموعہ تیار کیا تھا اس کا نام الصحیفہ الصادقہ رکھا تھا۔

مولانا محمد تقی عثمانی / درس ترمذی /۱۹۸۹/

ص ۳۸

۲۔ (حضرت ابوہریرہؓ کے شاگرد) ہمام ابن مُنَبِّہ۔۔۔نے حضرت ابو ہریرہؓ کی احادیث کا ایک مجموعہ مرتب کیا تھا جس کا نام حاجی خلیفہ نے کشف الظنون میں الصحیفہ الصحیحہ ذکر کیا ہے۔

مولانا محمد تقی عثمانی / درس ترمذی /۱۹۸۹/

ص ۴۲

۸۔ اخبار • جریدہ • مجلّہ • رسالہ • پرچہ • روزنامہ • سہ روزہ • ہفت روزہ • ہفتہ وار • پندرہ روزہ • ماہنامہ • دوماہہ • سہ ماہہ • شش ماہہ • سالنامہ

۹۔ چہرے کی کھال (مصباح اللغات)

مصدر سے دیگر مشتقات: صحافت • صحافی • صحیفہ نگار • صَحَّفَ (پڑھنے میں غلطی کرنا) • صَحفَہ (بڑا پیالہ، بادیہ) • صَحَفِی (بغیر استاذ کے مطالعہ سے علم حاصل کرنے والا) • صَحِیف (روئے زمین) • مُصحَف (مجلد کتاب)

قرآنیات: قرآن مجید میں لفظ صحیفہ وارد نہیں ہوا، البتہ مصدر سے مشتقات میں سے صِحاف (ایک بار)، صُحُف (چھ بار)، صُحُفاً (دو بار) آئے ہیں۔

فواد عبد الباقی / معجم المفہرس / ۱۹۴۵

متضادات: زبانی • غیر تحریری • افواہ • گفتگو

قوافی: دفینہ • رصیفہ • فریضہ • فلیتہ • مریضہ • نصیبہ • وثیقہ

انگریزی مترادفات:

Book. Booklet. Journal. Letter. Magazine. Newspaper. Scroll. Volume. Written Paper.

ترانہ

تَ • را • نَہ

فارسی

اسم نکرہ • مذکر • واحد

اسم جامد ہے۔ اس کی گردان نہیں ہے۔ فارسی سے اسی ساخت اور معنیٰ کے ساتھ اردو میں مستعمل ہے۔

اردو میں پہلی بار ۱۶۱۱ میں قلی قطب شاہ کی کلیات میں استعمال ہوا۔ (اردو لغت)

واحد غیر ندائی: ترانے (ے مجہول، امالہ کرکے •ہ• کو •ے• سے بدلا گیا)

جمع: ترانے (ے مجہول)

جمع غیر ندائی: ترانوں (و مجہول، ن غنہ)

ا۔ جوانِ رعنا (لغوی معنیٰ - فرہنگ آصفیہ) • زنانہ نام

۲۔ نغمہ • گیت • گانا

۳۔ الاپ • لہر • لہریا • خنیا • نغنغہ

۴۔ راگ

۵۔ ایک راگ جو امیر خسرو نے ایجاد کیا تھا جس میں ستار کی جھنجھناہٹ اور طبلہ کی گمک سے پیدا ہونے والے چند بے معنی الفاظ جیسے ۰ تا ۰ توم ۰ تا ۰ نا ۰ تنا ۰ نا ۰ دِر ۰ دِھن ۰ نا ۰ اونچے نیچے سروں میں دہرائے جاتے ہیں۔ یہ الفاظ بھی امیر خسرو کی ایجاد ہیں۔ (موسیقی)

۶۔ قوالی کا ایک راگ، جس میں ترتیب وار بہت جلی اور بہت خفی لے میں ۰ اللہ ہو ۰ کی تکرار کی جاتی ہے۔ رات کے پچھلے پہر گایا جاتا ہے۔ (موسیقی/سماع)

۷۔ رامش ۰ زمزمہ

۸۔ گٹکری ۰ مُرکی ۰ وہ آواز جو حلق کے انتہائی اندر سے عضلات کی ایک خاص حرکت کے نتیجہ میں نکلے۔

۹۔ آہنگِ محبت، جس کے سننے سے سالک پر مستی اور حال اور بے خودی طاری ہو جاتی ہے۔ (موسیقی/سماع)

مترادفات: آواز ۰ آہنگ ۰ بانگ ۰ سُر ۰ شبد ۰ صدا ۰ صَلصَلہ ۰ طرب ۰ قول ۰ کوک ۰ لے ۰ نالہ ۰ نوا ۰

قوافی: افسانہ ۰ بہانہ ۰ بیگانہ ۰ پروانہ ۰ پیمانہ ۰ جرمانہ ۰ خزانہ ۰ دانہ ۰ دوانہ ۰ دیوانہ ۰ روانہ ۰ زمانہ ۰ زنانہ ۰ شانہ ۰ فسانہ ۰ یگانہ ۰

انگریزی مترادفات:

Air. Harmony. Lilt. Melody. Modulation.
Recital. Song. Symphony. Trill. Tune.

طناز

طَن ۰ نَا ۰ ز   (ن مشدد ۰ ز ساکن)

عربی

۱۔ صفت ذاتی   ۲۔ اسم فاعل ۰ مذکر ۰ واحد

مصدر ثلاثی مجرد ط ۰ ن ۰ ز سے مشتق اسم مبالغہ۔ عربی سے ماخوذ اسی ساخت اور کئی مرادی معنی کے ساتھ اردو میں مستعمل ہے۔

اردو میں پہلی بار ۱۶۲۵ میں قصہ سیف الملوک و بدیع الجمال میں استعمال ہوا۔
(اردو لغت)

تعریف : امام ابن منظور نے لسان العرب (ج ۸، ص ۲۰۷) میں عربی کے ماہر لسانیات الجوہری کا قول دیا ہے کہ یہ لفظ باہر سے عربی میں داخل ہوا ہے یا بنایا گیا ہے۔ عام عربی افعال کے برعکس اس کی گردان طویل نہیں ہے۔ عربی میں مصدر طنز تمسخر، استہزا اور مضحکہ خیزی کے معنی میں آتا ہے۔ اردو میں اس لفظ کے یہی معنی ہیں جبکہ طناز کے لئے اصل عربی سے مختلف کئی مرادی معنی بھی رائج ہیں۔

۱۔ صفت ذاتی - مذکر و مؤنث - واحد

ا۔ بہت طنز کرنے والا • تمسخر کرنے والا • مذاق اڑانے والا • رمز و کنایہ میں بات کرنے والا • ہجو گو

پڑ گئے سوراخ دل میں گفتگوئے یار سے بے کنایہ کے نہیں اک قول اس طناز کا

خواجہ حیدر علی آتش / کلیات /

۱۸۴۶ / اردو لغت

۲۔ چلنے میں ناز و انداز دکھانے والی • اٹھلا کر چلنے والی • اترا کر چلنے والی • اٹکھیلیاں کرنے والی

۳۔ عشوہ گر • شوخ • بے باک

بس شرم کرائے ملکۂ طناز باز آ

مثنوی قہر عشق / ۱۸۸۴ / اردو لغت

۴۔ (کنایتاً) معشوق

۵۔ طنز نگار (جدید اردو • شاذ)

اکبر الہ آبادی ایک شاعر طناز اور مزاح نگار کی حیثیت میں ابھرے۔

اردو ادب کی تحریکیں / ۱۹۸۳

۲۔ اسم فاعل • مذکر • واحد

۶۔ نازو انداز

نپٹ دلربائی، کے طناز سوں لٹکتی اپس میں اپیں ناز سوں۔

سیف الملوک و بدیع الجمال / ص ۱۱۵ /

۱۶۲۵ / اردو لغت

مترادفات : پرفن • چالاک • چلبلا / چلبلی • چنچل • شاطر • شریر • شوخ • شوخ و شنگ • شوخ نویس • طرار • طعن باز • عیار • غماز • فتنہ انگیز • فتنہ گر • کٹنی • گستاخ

متضادات : باتمیز • بردبار • تمیز دار • حلیم • حلیم الطبع • سنجیدہ • شائستہ • متأمل • متوازن • متین • معتدل • مہذب

قوافی : آز • آغاز • آواز • اعجاز • انداز • ایجاز • باز • تگو تاز • جاں باز • جواز • چالباز • حجاز • دراز • راز • ساز • سنگ ساز • شیراز • شہباز • طراز • غماز • فراز • فواز • قاز • ارتکاز • گاز • مجاز • ناز • نماز • نواز • نیاز

انگریزی مترادفات :

Derider. Facetious. Jocose. Ludicrous. Mocker. One who ridicules. Scoffer.

درنگ

دَ • رَ • ں • گ (ن غنہ، ساکن ،گ ساکن)

فارسی

اسم کیفیت • مؤنث • واحد

ا۔ دیر • تاخیر • توقف • تعویق • التواء

۲۔ تاسہل • تساہل • سستی • آلکسی

۳۔ وقفہ • رکاوٹ • تعطل • ڈھیل • حصر

مترادفات : بے پروائی • جمود • سہل انگاری • غفلت

متضادات : پھرتی • تیزی • شتابی • طراری • عجلت

قوافی : ارژنگ • امنگ • انگ • اورنگ • بے رنگ • پاسنگ • پتنگ • تنگ • ترنگ • جنگ • چنگ • خدنگ • دبنگ • دنگ • رنگ • زنگ • سرنگ • سنگ • شنگ • فرسنگ • لنگ • ملنگ • ننگ

انگریزی مترادفات:

Delay. Procrastination. Tardiness.

کیکر
کِی ۰ کَر

ہندی اسم معرفہ ۰ مذکر

ا۔ ببول ۰ مغیلاں

۲۔ ریگزار یا سنگستان یا بیابان میں پیدا ہونے والا ایک کانٹے دار درخت۔ عام طور سے تقریباً ۴۰ ہاتھ تک بلند ہوتا ہے۔ اس کے تنے کا قطر چار پانچ قدم ہوتا ہے۔ پتے باریک، کانٹے سخت اور لمبے، پھول زرد خوشبودار ہوتے ہیں۔ تنے کی چھال پتلی، صاف، سبزی مائل ہوتی ہے۔ اس کی چھال سے چمڑے کی دباغت کی جاتی ہے۔ اس سے پان میں کھایا جانے والا کتھا بھی بنایا جاتا ہے۔ اس کا گوند طب مشرق میں بطور دوا مستعمل ہے۔

۳۔ بھوتوں کے رہنے کا ٹھکانہ (قدیم ضعیف الاعتقادی)

قوافی: اجگر ۰ احمر ۰ اژدر ۰ افسر ۰ بازیگر ۰ بھیتر ۰ تیتر ۰ دیگر ۰ کھدر ۰ گوہر ۰ محور ۰ مگدر ۰ مہتر ۰ نشتر ۰

انگریزی مترادفات:

Mimosa Arabica.

ڈھنڈار

ڈھ • ن • ڈَا • ر (ن غنہ)

سنسکرت / ہندی

صفت ذاتی

متغیرات: ڈھنڈھار (ن غنہ)

ا۔ بڑا اور ویران مکان • ویران حویلی • بڑی اور کشادہ مگر بے رونق عمارت

۲۔ متروکہ عمارت • کھنڈر

۳۔ سنسان مقام • سونی عمارت • غیر آباد عمارت • اجاڑ مکان

۴۔ خوفناک عمارت • ڈراؤنا کھنڈر • ویران مکان

متضادات: آباد • آبادی • بھراپرا • پر رونق • رجا بجا • رونق دار

قوافی آر پار • اچار • اُتار • ادبار • ادھار • اصرار • افطار • اقرار • انار • انبار • انکار • بار • بجار • بچار • بخار • بہار • بگھار • بیزار • بیمار • بھار • پار • پندار • پیار • پیزار • تار •

جوار • چار • چہار • حمار • خار • خمار • دار • دھار • دیار • ڈار • زار • ستار • سنوار • شمار • طومار • عار • عیار • غار • غبار • کار • کہار • کھار • گنوار • مار • نار • نکھار • وار • ہزار • یار

انگریزی مترادفات :

Abandoned. Creepy. Deserted. Desolate. Eerie. Empty. Forsaken. Frightening. Ghostly. Haunted. Isolated. Scary. Unoccupied.

چمن
چَ • مَن

فارسی

اسم نکرہ • مذکر • واحد

مصدر چمیدن کے صیغہ امر 'چم' کے ساتھ 'ن' بطور لاحقۂ ظرف لگا کر اسم بنایا گیا۔

اردو میں پہلی بار دکن میں ۱۵۱۸ میں استعمال ہوا (اردو لغت بحوالہ دکھنی ادب کی تاریخ)

جمع غیر ندائی: چمنوں (و مجہول، ن غنہ)

۱۔ پھلواری • سبزہ زار • گلزار • باغیچہ • بگیا • بگِین • تختۂ گل

۲۔ پائیں باغ • مکان کے سامنے کے رخ کا باغیچہ

۳۔ درختوں سے گھرا ہوا قطعۂ سبز ہو گل • باغ کا ایک قطعہ • گوشۂ باغ • گوشۂ گلشن

۴۔ بستان • بوستان • گلستان • گیاہستان

۵۔ سدابہار پودوں کا باغیچہ

۶۔ روش • خیاباں

۷۔ بازاروں اور کوچوں کے ناکوں پر اگائے ہوئے پودے اور پھول

۸۔ معرفت • محبت (تصوف)

۹۔ آباد جگہ (مجازاً)

۱۰۔ چھوٹا کھیت

۱۱۔ کسی کپڑے، چادر، تکئے کے غلاف، دوپٹے، میز پوش، خوان پوش پر کاڑھے ہوئے بیل بوٹے

۱۲۔ ریشم کا کنکوا • پتنگ جس کے کناروں پر بادلے اور موتیوں کی جھالر ہو

۱۳۔ خوبصورتی • حسن • شادابی • تروتازگی (کنایتاً)

مترادفات: باغ • بہارستان • چمنستان • حدیقہ • روضہ • کنج • گلشن

استعارات: سیر گاہ • گلگشت کی جگہ • عیش گاہ • نشاط گاہ

ترکیبات: چمن آرا • چمن آرائی • چمن بندی • چمن پیرا • چمن پیرائی • چمن چمن • چمن در چمن • چمنِ دہر • چمنِ حسن • رشک چمن • زمینِ چمن • سیرِ چمن • صحنِ چمن

قوافی: ان بن • بدن • بھولپن • پھبن • تھکن • جلن • (گنگ و) جمن • چبھن • چلن • ختن • دامن • دمن • رن • زن • زمن • سخن • سمن • ظن • عدن • فن • کوہکن • محن • نعرہ زن • وطن • یاسمن • یمن

انگریزی مترادفات:

Dale. Flower-bed. Garden. Greenward. Grove. Lawn. Lea. Meadow. Park.

اساطیر
اَ۔سَا۔طِی۔ر

عربی ۰ اسم نکرہ ۰

مذکر ۰ واحد

ثلاثی مجرد س ۰ ط ۰ ر سے ماخوذ ہے

واحد: اُسطورہ

متبادل: اُسطور

۱۔ دیو کتھا ۰ دیومالا ۰ قدیم مذہبوں میں دیوی دیوتاؤں اور خداؤں کے قصے کہانیاں

۲۔ افسانے ۰ من گھڑنت، پرانی خیالی داستانیں

۳۔ فرضی، بے اصل باتیں

۴۔ قرآن کریم کی دس سورتوں میں اساطیر الاولین (اگلے لوگوں کی دیو کتھاؤں) کا ذکر آتا ہے۔ دیکھئے سورتیں: الانعام (آیت ۲۵)، الانفال (۳۱)، النحل (۲۴)، المؤمنون (۸۳)، الفرقان (۵)، النمل (۶۸)، الاحقاف (۱۷)، القلم (۱۵)۔ المطففین (۱۳)

قوافی: اجیر، اسیر، امیر، پیر، تصویر، تعمیر، توقیر، تیر، حقیر۔ دبیر، سفیر۔ شیر، ضمیر، عبیر، عناں گیر، میر، نذیر، نظیر، وزیر، ہیر، یسیر

مہ وش ∴ مہوش ∴ ماہ وش

مَ•ہ•وَش مَا•ہ•وَش

فارسی۔ صفت ذاتی

یہ ترکیب اردو میں سب سے پہلے ۱۸۷۴ میں مراثی انیس میں تحریراً استعمال ہوئی۔

مہ	/	ماہ	=	چاند
وَش			=	جیسا/سا۔ جیسی/سی

چاند جیسا۔ مجازاً خوب صورت۔ حسین۔ محبوب۔ معشوق

انتباہ: پاکستانیوں میں اس ترکیب کا غلط تلفظ رائج ہے۔ لفظ وَش (شَش کے وزن پر) واؤ پر زبر کے بجائے زیر کے ساتھ وِش (مالش کے طریقہ پر) بولا جاتا ہے۔ ہندستان میں ایسا ہو تو نکارت کے ساتھ ایک درجہ میں قابل فہم تھا کہ وہاں ترقی پسندوں کے بعد جدید ادبا اور شعرا خود فارسی سے لاعلم اور عموماً عربی فارسی کے الفاظ کے ترک کے

حامی ہیں۔ تاہم آدھے پاکستان میں فارسی بولی اور سمجھی جاتی ہے اس کے باوجود وہاں اور غیر ممالک میں آباد پاکستانیوں میں یہ ترکیب غلط تلفظ کے ساتھ گوارہ کر لی گئی ہے۔

بداوت

بَ ۰د ا۰وَت

عربی

بادیہ سے متعلق۔

بادیہ کی زندگی۔ قبل تمدن کی حالت۔ صحرائیت۔ دشت کی زندگی۔

دیہاتیت۔ بے تمدنی۔ خانہ بدوشی کی حالت۔

سادہ مزاجی۔ سادہ انسانی زندگی۔

تمدنی آلائشوں سے پاک سماجی کیفیت

تکلفات سے خالی زندگی۔ بے تکلف زندگی کی کیفیت

* * *